DECLARATION

DV ROY, POVR L'OBSERVATION DV REGLEMENT DONNÉ en la Court de Parlement, Pour le sallaire & taxes des Iuges, Greffiers, Enquesteurs, Tabellions, Sergens, & autres Ministres de Iustice de Normandie.

Publié à Rouen en Parlement les Chambres assemblées, le dixneufiéme iour de Decembre, mil six cens dixsept.

14. Dec. 1617.

A ROVEN.
DE L'IMPRIMERIE,
De MARTIN LE MESGISSIER, Imprimeur ordinaire du Roy, tenant sa boutique au haut des degrez du Palais.
1618.
Auec Priuilege de sa Majesté.

LOVIS PAR LA GRACE DE DIEV, ROY DE FRANCE ET DE NAVARRE : A noz améz & feaux les Gens tenans nostre Cour de Parlement de Roüen, Salut. Ayans veu la deliberation prise en nostredicte Cour le traiziesme Septembre dernier: Que nous serions tres-humblement supplié auant que proceder à l'enregistrement & publication de nostre Edict du mois de Septembre mil six cens seize, Contenant reuente de tous noz Greffes, places de Clercs, Parisis, Presentations, Tabellionnages & petits seaux, d'aggreer le Reglement par elle faict le quatriesme Iuing mil six cens douze, sur la function & perception des droicts & émoluments des Greffiers des Bailliages & Vicontez du Ressort de nostredicte Cour, qu'elle auroit faict suiuant & conformément à noz Edicts & Ordonnances pour le bien & soulagement de noz subjectz, NOVS auons faict veoir en nostre Conseil ladicte delibera-tion, ensemble ledict Reglement, lequel pour éuiter aux abus & maluersations que peuuent commettre lesdicts Greffiers en la perception de leurs droicts & émolumẽts contre & au prejudice de noz Edicts & ordonnances, a esté trouué raisonnable de le faire obseruer. A CES CAVSES, Nous vous mandons & tres-expressément enjoignons par ces presentes signées de nostre main, que sans plus differer vous ayez à proceder à la publicatiõ & registrement de nostredict Edict selon sa forme & teneur : sans y apporter aucune longueur, remise, ny difficulté, faisant par vous garder & obseruer vostredit Reglement dont coppie est cy attachée soubz nostre contre-seel, sur les peines y contenuës, Et au cas de contrauention, Nous en attribuons la congnoissance aux Iuges des lieux : & par appel en nostredicte Cour, Reuoquant toutes euocations qui pourroient auoir esté cy deuant expediées au prejudice de vostredict Reglement, qu'entendons estre gardé & obserué à l'aduenir : Enjoignans a nostre Procureur General faire sur ce toutes poursuittes, requisitions sur ce necessaires, CAR Tel est nostre plaisir.

DONNE' à Rouen le dixhuictiéme iour de Decembre, l'an de grace Mil six cens dixsept, Et de nostre regne le huictiéme.

Signé, LOVIS.

Et plus bas, PAR LE ROY.

POTIER.

Et seellé sur simple queuë du grand seel en cire jaune.

EXTRAICT DES REGISTRES de la Court de Parlement.

VEV PAR LA COVRT les Chambres aſſemblées, les Lettres Patentes en forme d'Edict, du moys de Septembre 1616. pour la reuente de tous les Greffes, Places de Clercs, Pariſis, Preſentations, Seaux, Tabellionnages & Controlle des Tiltres. Arreſt du Conſeil d'Eſtat du 4. Mars dernier, Par lequel eſt ordonné qu'il ſera procedé à ladicte reuente, par les Commiſſaires qui ſeroient deputez par ſa Maieſté dãs la Prouince de Normandie, auſquels ſeroit dõné pouuoir d'ordonner des rembourſements de tous les poſſeſſeurs d'iceux, ſuiuant les Reglements qui en ſeroient faicts audict Conſeil. Arreſt de ladicte Court du 12. Auril, par lequel elle auroit ordonné que le Roy seroit tres-humblement suplié de la vouloir dispẽser de proceder à la verification dudit Edict. Autre Arrest du Conseil d'Estat & Lettres de Iussion expediées en consequence d'iceluy, des 12. & 23. May. Autre Arrest de ladicte Court du 8. Iuillet an present, par lequel elle auroit ordonné que tres humbles Remonstrances seroient faites audict Seigneur de la consequẽce dudit Edict, Lesdites Remonstrãces par escript enuoyées à sa Maiesté. Arrest dudit Conseil d'Estat du 18. dudit mois de Iuillet, par lequel est ordonné que lettres tres expresses de Iussiõ seroiẽt expediées à ladite Court, pour proceder à la verifficatiõ dudit Edict, toutes autres affaires cessans & pospo sées, sans plus y vser d'aucune lõgueur, reffus où modifficatiõ, excepté pour les Greffes des affirmatiõs & Insinuatiõs, nonobstãt lesdits Arrests de reffus, Et sans s'arrester aux remonstrances n'y autres que ladite Court voudroit & pourroit faire pour ce regard, lesquelles sadite Maiesté tient pour entenduës, attendu l'extrême necessité de ses affaires, & les grandes charges de l'Estat, Lesdictes

Lettres de Iussion données à Paris ledit iour & an, Creance de Maistre François Foucquet Conseiller du Roy en son Conseil d'Estat, & Maistre des Requestes ordinaire de son Hostel, suiuant autres Lettres closes de sa Maiesté du 20. d'iceluy moys. Arrest de ladite Court du 28. dudit moys de Iuillet, Par lequel elle auroit ordonné que le Roy seroit derechef tres-humblement supplié de la dispenser de proceder à la verification dudit Edict. Autres Lettres de Iussion dõnées à Paris le 30. iour dudit mois, pour proceder à la verification dudit Edict, nonobstant ledit Arrest, Excepté pour les Greffes des affirmatiõs & Insinuations, que sa Maiesté auroit reseruez en consequence des remonstrances de ladite Court, Deliberation d'icelle du 3. Aoust ensuiuant. Arrest du Conseil d'Estat du 5. dudit moys d'Aoust, par lequel ledit Seigneur auroit ordonné que ledit Edict seroit verifié, aux reseruations portées par lesdicts arrest & lettres de Iussiõ du 18 Iuillet, Et que les Greffiers iouyroient de leursdicts Greffes & places de Clercs, conformémẽt aux Edicts de sa Maiesté & an-

tiens

tiens Reglements dudit Conseil, Et neantmoins ordõné que les offices de Contrerolleurs des Tiltres de ladite Prouince, Comme aussi le Greffe des Consulz de ladicte ville de Rouen, seroient exceptez dudit Edict, sans qu'ils peussent estre compris esdites reuentes. Lettres de Iussion suiuant ledict Arrest du Conseil du 7. dudit moys d'Aoust. Arrest de ladicte Court du 9 dudict moys d'Aoust, Par lequel elle auroit ordõné que les antiens Reglemẽts sur le faict des Greffes dõt mẽtion est faite audit arrest du Conseil du 5. dudit moys seroient representez, Et ce pendãt que sa Maiesté seroit tres-humblement suppliée de vouloir ordonner que suiuãt ledit arrest & deliberation d'icelle du 3. dudit moys, les Reglements faits par ladite Court le 4. Iuin 1612 sur les taxes & émoluments desdits Greffiers, seroient gardez & obseruez, & la congnoissance des contrauentions reseruée à icelle, Reuoquant à ceste fin par sadite Maieste les euocatiõs obtenuës par les predecesseurs desdits Greffiers, qui soubz ce pretexte exigent impunément ce qu'ils veullẽt, & en faire par sadite Maieste expedier

Lettres de declaration. Autres lettres patentes de Iussion du 6. Septembre ensuiuant. Autres lettres de declaration dudit Seigneur, données à Rouen le 18. de ce present moys, Par lesquelles sa Maiesté ayant faict veoir à son Conseil la deliberation de ladite Court du 13 Septembre, ensemble ledit Reglement fait par icelle le 4. Iuin 1612. sur la function & perception des droictz & émoluments des Greffiers des Bailliages & Vicontez de ce Ressort, Lequel Reglemẽt pour éuiter aux abuz & maluersations que peuuent commettre lesdicts Greffiers en la perception de leursdicts droicts & émoluments au preiudice des Edicts & Ordonnances, Ayant trouué raisonnable de le faire obseruer, Mande tres-expressément à ladicte Court de proceder à la publication & registrement dudit Edict, faisant par elle garder & obseruer ledit Reglement dõt coppie est attachée esdites lettres soubz le cõtreseel, sur les peines y contenuës, Et en cas de contrauention en attribuë la cõgnoissance aux Iuges des lieux, & par appel à ladite Court, Reuoquant toutes euocations qui pourroient cy deuant auoir esté expediées au preiudice dudict reglement, que sa Maiesté entend estre gardé & obserué à l'aduenir. Arrestz de ladicte Court interuenuz sur la veriffication des Edicts de reuente & reünion desdicts Greffes au domaine de sadite Maiesté, Contenants exception des Greffes de ladicte Court & Places de Clercs esdits Greffes dés 14. Aoust mil cinq cens soixante dixhuict, 18. Nouembre mil cinq cens quatre-vingts, 18. Decembre mil cinq cens quatre-vingts quinze, 20. Mars & 24. Decembre mil cinq cens quatre vingts saize, Conclusions du Procureur General du Roy, Tout consideré. LA COVRT les Chambres assemblées du tres exprez commandement du Roy par plusieurs fois reiteré, A ordonné & ordonne, que lesdites Lettres patentes en forme d'Edict du moys de Septēbre mil six cens seize, seront leuës, publiées & registrées, pour auoir lieu & estre le contenu en icelles executé, En ce non compris les Greffes Ciuil & Criminel de ladicte Court de Parlement & Requestes du Palais d'icelle, & les Places de Clercs esdicts

Greffes cy deuant exceptez par les Arrests de ladicte Court dés 14. Aoust 1578. 18. Nouembre mil cinq cens quatre-vingts, 18. Decembre 1595. 20. Mars & 23. Decẽbre 1596. Ensemble les Greffes des affirmations & insinuations, Prieur & Consulz, & offices de Controlleurs des Tiltres, aussi exceptez & reseruez par les Arrestz dudit Conseil & lettres de Iussion sur iceulx dés 18. & 30. Juillet & 5. Aoust derniers, & aux charges contenuës esdites lettres de iussiõ & declaratiõ dudit Seigneur du 18. de ce moys, pour l'obseruatiõ du Reglement faict par ladicte Court le 4. Iuing 1612. sur la moderation des taxes desdicts Greffiers, Lesquelles seront aussi registrees és Registres de ladicte Court, & les contrauentions iugées par icelle, où par les Iuges ordinaires selon les occurrẽces, sans preiudice de l'vsage d'entre les Greffiers & Procureurs des Iurisdictions du Bailly & Viconte de Rouen, pour l'expedition des actes & sentences, A la charge aussi que l'execution dudict Edict pour ladicte reuente, se fera en ceste Prouince de Normandie par les

Commiſſaires qui ſeront à ce deputez, ſuiuant ledict Arreſt du Conſeil du quatrieſme Mars dernier, Et ſera ledict Reglement du quatrieſme Iuing mil ſix cens douze, derechef Imprimé, & enuoyé par les Bailliages & Vicontez de ce Reſſort, pour y eſtre leu & publié, gardé & obſerué ſelon ſa forme & teneur. Faict à Rouen en ladicte Court de Parlement, les Chambres aſſemblees, le dixneufieſme iour de Decembre, mil ſix cens dixſept.

Signé, DE BOISLEVESQVE.

DERNIER ARREST DE LA Court de Parlement de Rouen, donné les Chambres assemblées, sur la moderation des taxes des Iuges, Greffiers, Enquesteurs, Tabellions, Sergents, & autres Ministres de Iustice de Normandie, & autres poincts & Articles.

EXTRAICT DES REGISTRES de la Court de Parlement.

SVR la Remonstrance verbalement faicte par le Procureur General du Roy, des abuz, maluersations & contrauentions qui se commettent par les Iuges, leurs Lieutenants, Greffiers, Enqueiteurs, Tabellions, Sergeants & autres Ministres de Iustice, aux Ordonnances Arrestz & Reglements sur le fait de leurs taxes & sallaires. Requerant ledict Procureur General y estre pourueu par la Court pour le soulagement des subjectz du Roy & & parties litigantes, &

les relleuer des fraiz exceſſifz qu'ils ſont contrainćts ſupporter à la pourſuitte de leurs droićtz.

LA COVRT les Chambres aſſemblées, ayant eſgard à la Remonſtrance & Requeſte dudićt Procureur General, & Reiglant les taxes & ſallaires deſdićts Iuges, Lieutenants, Greffiers, Enqueſteurs, Tabellions, Sergeants & autres Miniſtres de Iuſtice, eu eſgard aux charges & à la neceſſité du temps, Par maniere de prouiſion à ordonné & ordonne ce qui enſuyt. C'eſt aſçauoir.

Que quant les Lieutenants Generaux antiens des Bailliz, Lieutenants Generaulx de l'Admirauté en la Table de Marbre & aux Eauës & Foreſtz, Iront en cōmiſſion pour les parties & ſejourneront plus d'vn iour, Ils ne pourront prendre pour leurs vaccations que la ſomme de neuf liures par iour, & quand ils reuiendront le iour meſme la ſomme de ſix liures, Les Lieutenants Generaulx où Particuliers deſdićts Bailliz en chacune Viconté, Bailliz de longue Robbe,

Lieutenants Particuliers en l'Admirauté & aux Eauës & Forestz, Assesseurs Criminels, Conseillers Presidiaux, les Vicontes & le Viconte de l'Eauë sept liures dix sols, & reuenants le mesme iour cent sols.

Les Lieutenants desdicts Vicontes, les Assesseurs és Vicontez, Enquesteurs & Commissaires Examinateurs, Conseillers de la Table de Marbre & aux Eauës & Forestz, la somme de six liures, & reuenants le mesme iour quatre liures dix sols, & la moitié moins pour leurs Greffiers ou adjoincts, Et sans que lesdicts Officiers se puissent faire deffrayer ny prēdre leurs despens sur les parties, à peine de concussion, Et pour le sallaire desdicts Lieutenants Generaulx antiens ou de nouuelle creation & Particuliers, Bailliz de longue Robbe, Vicontes, leurs Lieutenants, Assesseurs Criminelz, Conseillers Presidiaulx, Enquesteurs & Greffiers dedans les villes & lieux de leurs demeures, Sera reglé a la raison du temps de leur vaccation, Pour laquelle les Iuges ne pourront prendre plus d'vn quart d'escu pour heure en Bailliage, & en Vicōté douze sols, & les Greffiers la moitié moins.

A faict inhibitions & defenſes auſdits Iuges, de prendre aucune taxe pour leur ſallaire des procez Criminelz, auſquels ny aura que le Procureur du Roy partie, & de retenir les priſonniers pour les rapportz & vaccations, à peine de concuſſion.

Les veuës & acceſſions des lieux ſeront faictes par vn ſeul Iuge auec le Greffier ou l'vn des Commis.

Suyuant & conformément à l'Arreſt & Reglemẽt dõné par ladite Court les Chambres aſſemblées le cinquiéme iour de Febvrier mil cinq cens quatre-vingts. Ladicte Court à faict & faict iteratiues deffenſes auſdicts Iuges, de prendre pour leurs ſeings & approbations des actes, ſentences, appointements, mandements, & commiſſiõs portants execution, ou autre exploict, plus de vingt ſix deniers en Bailliage, & treize deniers en Vicõté, Et pour chacune Iurande de Meſtier quatre ſols, & ſept ſols ſix deniers pour paſſemẽt adjudication & approbatiõ de decret des heritages paſſez par deuant eulx, à peine de concuſſion.

Seront les Greffiers tenuz faire Regiſtre

des decretz & estats & sentences données au Conseil par Rapport, lesquels ils feront relyer en registre, sans prẽdre aucune chose pour ledit registre, à peine de respondre des dommages & interestz des parties.

Ne prendront pour lesdits decretz, estats, actes, sentẽces, executoires, appointemẽts, mandements & commissions, & autres expeditions emportants execution ou exploict à faire, qu'ils deliureront en vne peau ou cahier escript de tous costez, sans faire distinction entre la premiere peau & les subsequentes que vingt sols, & pour le droit de parisy & droit de Clerc à l'equipollent, Et quãt aux autres menus actes & expeditiõs communes treize deniers en Bailliage, & sept deniers en Viconté, lesquelles expeditions actes & sentences qui se donneront en Iugement, Ils recueillirõt & enregistreront fidellement en vn autre Registre qui sera relié auparauant, & paraphé en chacun fueillet par le Iuge & par l'vn des Aduocats ou Procureur du Roy, auquel Registre seront inserez les encheres, obeissances, recognoissances & offres des parties lesquelles suiuãt les Arrestz & Reiglements seront signées par lesdictes parties & leurs Procureurs sur le champ & dans la leuée de la Iurisdiction autremẽt l'on ny aura aucun esgard, Et sans que lesdits Greffiers puissent employer les Ordonnances & expeditions, recognoissances, obeissances, offres & encheres sur les esticquettes baillées par les parties.

Et pour obuier à la longueur & prolixité superfluë desdicts decretz & estats, ordõné que esdites lettres & pages de decret, ne serõt inserez les lettres contracts & tiltres des opposans, Mais seulement les causes d'opposition auec le dabte du tiltre obligations ou sentences & arrestz dont ils s'aydent, & les noms des Tabelliõs où Notaires qui auront passé lesdictes obligations & du Iuge ayant donné lesdictes sentences, sans y employer les raisõs des parties, Sauf a deliurer acte desdictes raisons & plaidoyé à part & separément en papier aux opposants qui le requerrõt chacun pour leur faict & regard, Comme par semblable ils deliurerõt à chacun adjudicataire lettre du decret adjudicatiõ & estat de son enchere, sans qu'ils soyẽt tenus leuer ledit decret adjudicatiõ & estat entier, Et enjoinct aux Greffiers deliurer lesdictes actes appointements & sentences dans trois iours au plus tard, Et defenses aux Iuges d'appointer les parties sur l'accordance des minuttes, à peine de soixante quinze liures d'amende pour chacune contrauention, Et aux Procureurs & Aduocats de proceder sur ladicte accordance, à peine de vingt liures d'amende en leur nom priué.

Seront tous actes, expeditions & simples mandements deliurez en papier, Reserué les sẽtẽces interlocutoires & diffinitiues, où autres actes portants executiõ qui pourront estre deliurez en parchemin, Pour l'escripture desquels actes en papier, est defendu ausdicts Greffiers de prendre ne exiger plus grande somme que de quinze deniers pour feuillet, auec le droit de Clerc & parisy à l'esquipollent, & raisonnablement escripts & fourniz de vingt cinq lignes pour page, & de quinze sillabes en chacune ligne suyuant l'ordonnance, Sans toutesfois rien innouer pour le Greffe des Prieur & Consulz.

Les Contrerolleurs des tiltres, Greffiers des Insinuations tant Ecclesiastiques que

Lays, ſeront tenuz par ſemblable garder & obſeruer le preſent Reglement, tant pour leurs Regiſtres que actes qu'ils deliureront, Nonobſtant les Reglemẽts ſur ce faicts par les Commiſſaires deputez pour l'execution de l'Edict deſdits Contrerolleurs des tiltres au contraire, & bailleront leſdicts Contrerolleurs des tiltres recepiſſé des contracts qui leur ſeront preſentez pour enregiſtrer s'ils en ſont requis, en cas que dans le iour ils ne les puiſſent enregiſtrer, ledit recepiſſé apres les trois mois non vaillable, ſinõ qu'il y euſt pourſuitte dans ledict temps.

Et pour les actes ſentẽces & contracts en parchemin, ſeront tenuz tant leſdicts Greffiers que Tabellions & Notaires pour les cõtracts & ſentences qui ne ſeront en cahyer, de bailler bonnes & loyalles peaux bien & ſuffiſamment fournies d'eſcripture, chacune peau contenant ſoixante & huict lignes, & chacune ligne ſept vingts lettres & des moindres à l'équipollent, Et pour ceux qui ſeront eſcripts en cahyer a la raiſon de vingt deux lignes pour page, & de quinze ſillabes en chacune ligne, à peine de concuſſion, & ſeront tous extraicts de contractz & ſentẽces deliurez en papier.

Eſt enjoinct & commandé tant auſdicts Iuges, Greffiers, Notaires & Tabellions, que auſdicts Contrerolleurs des Tiltres, Huiſſiers & Sergeants, d'appoſer en leurs actes, memoriaux & sentẽces, registres, cõtracts & exploicts la ſomme par eux reçeuë tant pour l'émolument ſalaire que eſcripture chacun à part & auprés de leurs ſeings, ſur pareille peine.

Et deffenſes faictes aux Iuges de ſigner aucuns actes eſcripts, autrement que ſelon la forme cy deſſus preſcripte & eſquels l'ordonnance n'aura eſté gardée, ſur peine d'en reſpondre en leur propre & priué nom, Et auſdicts Greffiers, Tabellions, Notaires & Contrerolleurs des Tiltres, Huiſſiers & Sergeants de n'exiger outre les ſommes & taxes ſuſdites, ſur peine de punition corporelle, ſuſpention & priuation de leurs Eſtats & exercice deſdicts Greffes, & de rẽdre & reſtituer ce qu'ils aurõt pris de plus.

Et pour faire ceſſer les plainctes des taxes exceſſiues qui ſe font par les Iuges & Officiers des Iurisdictions tant Royalles que subalternes aux decretz estats & distribution des deniers des prix d'iceux, Ladicte Court suiuant les Arrestz precedents, leur à faict & faict inhibitions & defenses d'ordonner, prendre, & exiger, ne permettre qu'il soit pris & exigé aucuns deniers pour liure, Tant sur le prix des ventes & adjudications d'heritages, que de la vente des biens meubles ne sur les opposants emportants deniers, aux estatz & distribution de deniers qui se feront en Iustice, encor' que ce fust de leur consentement, Ains leur simple vaccation pour tenir lesdits estats de decrets, ausquels ne pourrõt assister plus de sept, soit en Bailliage ou en Viconté, compris le Iuge & Rapporteur, Et ne prendront pour leur salaire & assistence, asçauoir pour leur vaccatiõ d'vne heure en Bailliage que vingts sols pour le Iuge, vingt sols pour le Rapporteur qui faict & dresse l'ordre & estat des oppositions, & vn quart d'escu pour chacun des Conseillers Presidiaux, pour chacune heure de leur assistence, & en Vicõté pour le Iuge & le Rapporteur chacun vn quart d'escu, & & autres assistants chacun cinq sols.

Enjoignants ausdits Iuges de faire signer

le temps de leurs vaccations, qu'ils cotterōt par chacune vaccatiō, en tenāt lesdits estats aux Procureurs tant du decretant que des encherisseurs, Lesquels estats le Iuge & Rapporteur seront tenuz signer arrester & mettre au Greffe dedans la huictaine apres iceux tenuz pour le plus, Sur peine de respōdre en leurs noms priuez de tous despens dommages & interestz des parties; & d'amende arbitraire.

Et pour l'assistence & examen des cōptes de Mineurs, & Estats de deniers mobiles fruicts & leuées serōt tenuz, & lesdits comptes rēduz par deuāt le Iuge & vn des Lieutenans Assesseurs ou Aduocat seulement, assistez du Greffier, & mis au Greffe dans ledit tēps, & leur vaccatiō reglée en la forme susdite, tant pour le salaire que signature, & à raison du temps qu'ils auront vacqué.

Et pour le regard des Huissiers & Sergeāts, Ladicte Court leur enjoinct vacquer diligēment à ce qui est de leur function & charge, Et à ceste fin ordōné qu'ils bailleront recepissé aux parties requerantes, des sentences & contracts qu'ils mettrōt en leurs mains:

&

& l'enregistrerōt au Registre lequel ils sont tenuz faire suyuant l'Ordonnance, & faire iceluy parapher en chacun feuillet par le Iuge, & l'vn des Officiers du Roy, au lieu, Et en leurs exploicts employront au commẽcement leur nom & demeure, Mesmes le demeure de ceux à la requeste desquels ils feront les executions, Ensemble des executez ou adjournez, & le lieu ou ils aurōt esté trouuez, & sy c'est auant ou apres midy, à peine de suspension & d'amende arbitraire.

A faict inhibitions & defenses aux Iuges chacun endroit soy, de reçeuoir aucun à l'exercice de l'estat de Greffiers, d'Huissier, ou Sergent, & Tabellions, s'il ne sçait bien lire & escrire, Et pour ceux jà reçeuz, leur enjoinct d'en commettre d'autres, s'ils ne sont trouuez experts en l'escripture, & quelle soit bien lisible.

A faict inhibitiōs ausdicts Greffiers, d'enuoyer les Informatiōs & Enquestes au Greffe de la Court, qui ne soient escriptes d'escripture qui se puisse facilement lire, à peine de vingt liures d'amende en leur nom priué, Et entant que seroit le salaire desdicts Huisſiers & Sergeants, Ladicte Court leur à faict & faict inhibitions & deffences de prendre ne exiger plus de deux ſols pour toutes ſommations, exploicts, & aſſignations ſimples dedans le lieu de leur Sergeanterie & domicille, Et pour la ſignificatiõ des appellatiõs, doleances, anticipations, & autres lettres Royaux, Patentes & Arreſtz ſept ſols ſix deniers : Et en cas que l'eſcripture excede plus d'vne feuille de pappier, Seront payez outre ledict ſalaire à la raiſon de quinze deniers pour feuillet eſcripts ſuyuant l'Ordonnance.

Et pour les exploictz qui ſerõt faicts hors la ville & diſtrict de leur Sergeanterie, pour la vaccation d'vn iour quarante cinq ſols, & quand ils ſeiourneront plus d'vn iour, à la raiſon de quatre liures, Tant pour eux que pour leurs Records, outre le ſalaire de l'eſcripture.

Et quant aux exploicts des ſaiſies, criées & diligẽces de decret, ne pourront leſdicts Huiſſiers & Sergeants, prendre plus grand ſalaire que de vingts ſols pour chacune ſaiſie & criée, & pour chacune parroiſſe outre le ſalaire de l'eſcripture à la raiſon ſuſdicte, & ce dãs la ville & diſtric de leurs Sergeanterres & hors icelles; plus de quarante cinq sols pour chacune saisie ou criée, & de quatre liures en cas de plus long sejour que d'vn iour, outre le salaire de l'escripture.

Ne pourront neantmoins les Huissiers & Sergeants qui feront lesdicts exploicts hors le lieu de leur resseance, prendre plus grand salaire que les Sergeāts ordinaires des lieux: si par la Court ou Iustice pour certaines causes & considerations il ne leur est permis faire lesdicts exploicts.

Feront les Sergeants ordinaires les Inuentaires des biens des Mineurs, Et deffenses faites aux Iuges, Assesseurs, Enquesteurs & Cōmissaires Examinateurs, de s'entremettre de faire lesdicts Inuentaires, s'ils ny sont appellez par les Tuteurs ou parens.

Et afin d'obuier aux inconuenients qui arriuēt ordinairemēt aux venduës des fruicts & leuées, lesquelles s'adiugent à vil prix par les Iuges au Pretoire, Par ce que les encherisseurs ne peuuēt auoir cognoissance de ce qu'ils encherissent & de la valeur, au grand prejudice de ceux à qui ils appartiennent,

Ladicte Court à ordonné que lesdictes venduës se ferõt sur les lieux ou ils sont, & s'adjugeront par le Sergeant par pieces sur le champ apres proclamatiõs faites, en faisant par le Sergeãt la monstree, & defenses ausdicts Iuges de les adjuger au Pretoire.

Les Greffiers des Presentations, serõt tenuz auoir Bureau ouuert au parauant la Iurisdiction, pour reçeuoir les Presentations & le droit d'icelles, Et au cas qu'il fust appellé aucunes causes en l'Audiẽce sãs auoir presenté, ne sera donné aucune action aux Greffiers pour leur droit de Presentation, Mais se pourrõt presenter en Iugemẽt pour estre payez dudit droit, Et defenses ausdits Greffiers de prendre ledict droit de Presentation pour les recognoissances de Cedules & és causes sommaires & legeres, lesquelles s'expedient en vn iour suyuant la modification de l'Edict, Et en vne mesme cause prẽdre plus d'vne Presentation de chacune partie.

A faict inhibitions & defenses aux Iuges, de se rendre adjudicataires des Greffes de leur Iurisdiction, par achapt engagemẽt ou autrement, ny par personnes interposées,

Au surplus à ordonné & ordonne, qu'il sera informé par les Conseillers de la Court trouuez sur les lieux & Iuges ordinaires, des exactiōs commises par aucuns Greffiers des Presentations, & des compositiōs qu'ils fōt ordinairement auec les parties, sur les assignations qu'ils leur font donner, faute d'auoir payé le droit de Presentation, dont ils tirent de grands deniers.

Mesmes des exactiōs que fōt les Gaugeurs & Visiteurs des Poidz & Mesures où leurs Commis, lesquels contraignent les particuliers de cōposer par certaine somme par an, dont ils exigent grāds deniers, à la foulle & oppression du peuple, Et leur à inhibé & deffendu de prendre plus que ce qui leur est limité par les Ordonnances & Arrestz de la Court, à peine de punition exemplaire, & autres peines au cas appartenant, Leur enjoignant faire les approchemēts des fautes qu'ils trouueront par deuant les Iuges, sans en composer.

A par semblable faict inhibitions & defenses aux Voyers & leurs Commis, de trauailler & molester aucun des subjectz du Roy, ains se comporter en leurs charges suyuant les Reglements & Arreſtz, ſur les meſmes peines, ſans prendre ny exiger aucune choſe des Communautez, Treſoriers & Fabrieques des Egliſes, Sauf à approcher en Iuſtice ceux qui ſeront trouuez en faute & tenuz à la reparatiō des chemins, Enjoignant auſdits Conſeillers de la Court trouuez ſur les lieux, & Iuges, d'informer des maluerſations, exactions & concuſſions deſdicts Voyers & autres cy deſſus mentionnez, & proceder contre eux ainſi qu'il appartiendra : Nonobſtant oppoſitions ou appellations & ſans prejudice d'icelles.

Et pour le ſalaire des Meſureurs, Ladicte Court à iceluy taxé à trente ſols pour iour, & pour leur porte perche quinze ſols auſſi pour iour, & du moins à l'equipollent.

Et afin que le preſent Reglement ſoit inuiolablement gardé & obſerué, & que aucun n'en pretende cauſe d'ignorance, Ladicte Court à ordonné & ordonne, qu'il ſera leu par chacun an aux Iuriſdictions ordinaires, aux aſſizes d'apres la Sainct Michel & Quaſimodo, Et outre qu'il ſera affiché par tableau à l'huis du Pretoire des Iuriſdictions

& Tabellionnages. Faict à Rouen en ladicte Court de Parlemēt les Chambres assemblées, le quatriéme iour de Iuing, mil six cens douze.

Signé, DE BOISLEVESQVE.

DV MARDY DIXIESME iour de Iuillet, mil six cens douze, à Rouen en la Court de Parlement.

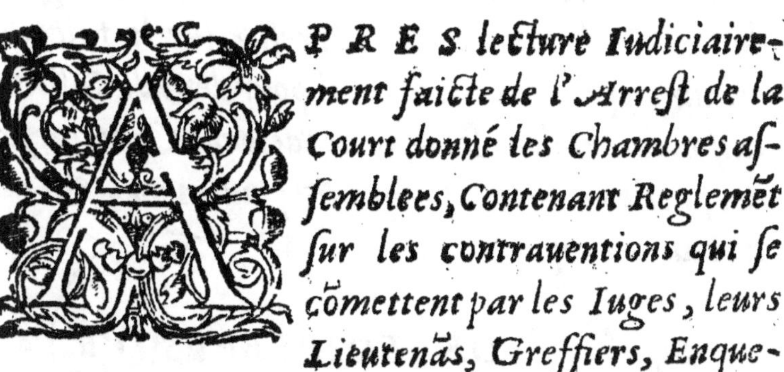

PRES lecture Iudiciairement faicte de l'Arrest de la Court donné les Chambres assemblees, Contenant Reglemēt sur les contrauentions qui se cōmettent par les Iuges, leurs Lieutenās, Greffiers, Enquesteurs, Tabellions, Sergeants, & autres Ministres de Iustice de ce Ressort, aux Ordonnances & Arrestz de ladicte Court sur le faict de leurs taxes & salaires, Oy sur ce le Procureur General du Roy, Lequel à requis que ledict Reglement soit enuoyé par les Bailliages de ce Ressort, pour y estre gardé

& obserué selon sa forme & teneur : Et que par mesme moyen il soit pourueu aux plaintes qui se font des denys de Iustice & delaiz en l'instruction des procez par deuant les Iuges des lieux : à la foulle & ruine des parties. LA COVRT à ordonné & ordonne, Que ledict Arrest de Reglement sera Imprimé & enuoyé par ledict Procureur General par les Bailliages & Vicôtez de ce Ressort, Pour y estre leu, publié, gardé, & obserué, selon sa forme & teneur, Et à ceste fin enioinct aux Substitutz dudict Procureur General sur les lieux d'y tenir la main, & en certifier ledict Procureur General dans vn moys, Et faisant droict sur la Requeste dudict Procureur General, Ladicte Court enioinct aux Iuges de cedit Ressort, de garder les Ordonnances & Arrestz sur le faict des delaiz, à peine en cas d'appel pour deny de Iustice à raison de ce, de respondre des despens & interestz des parties, en leur propre & priué nom, & autres au cas appartenant.

Signé, DE BOISLEVESQVE.

www.ingramcontent.com/pod-product-compliance
Lightning Source LLC
LaVergne TN
LVHW010011230826
846092LV00002B/753

9782329368344